Five Days of DIWALI

Bilingual Book
(Hindi)

When everything
is lush and green,
comes the queen of
all festivals - DIWALI.

जब हरियाली होती है चारों ओर,

तब आती है त्योहारों की रानी - दिवाली।

Jab hariyali hoti hai charon oor,
tab aati hai tyoharon ki rani - DIWALI

Danu, Geet and Sinu wake up
and check their messages.
They have received Diwali invites
from their parents.

दानू, गीत और सीनू ने जब सुबह उठ कर
अपने सन्देश पढ़े, तो उन्हें पता चला कि दिवाली पर
उन्हें घर से बुलावा आया है।

Danu, Geet aur Sinu ne jab subah uth kar
apne sandesh padhe toh unhe pata chala
ki Diwali par unhe ghar se bulava aaya hai.

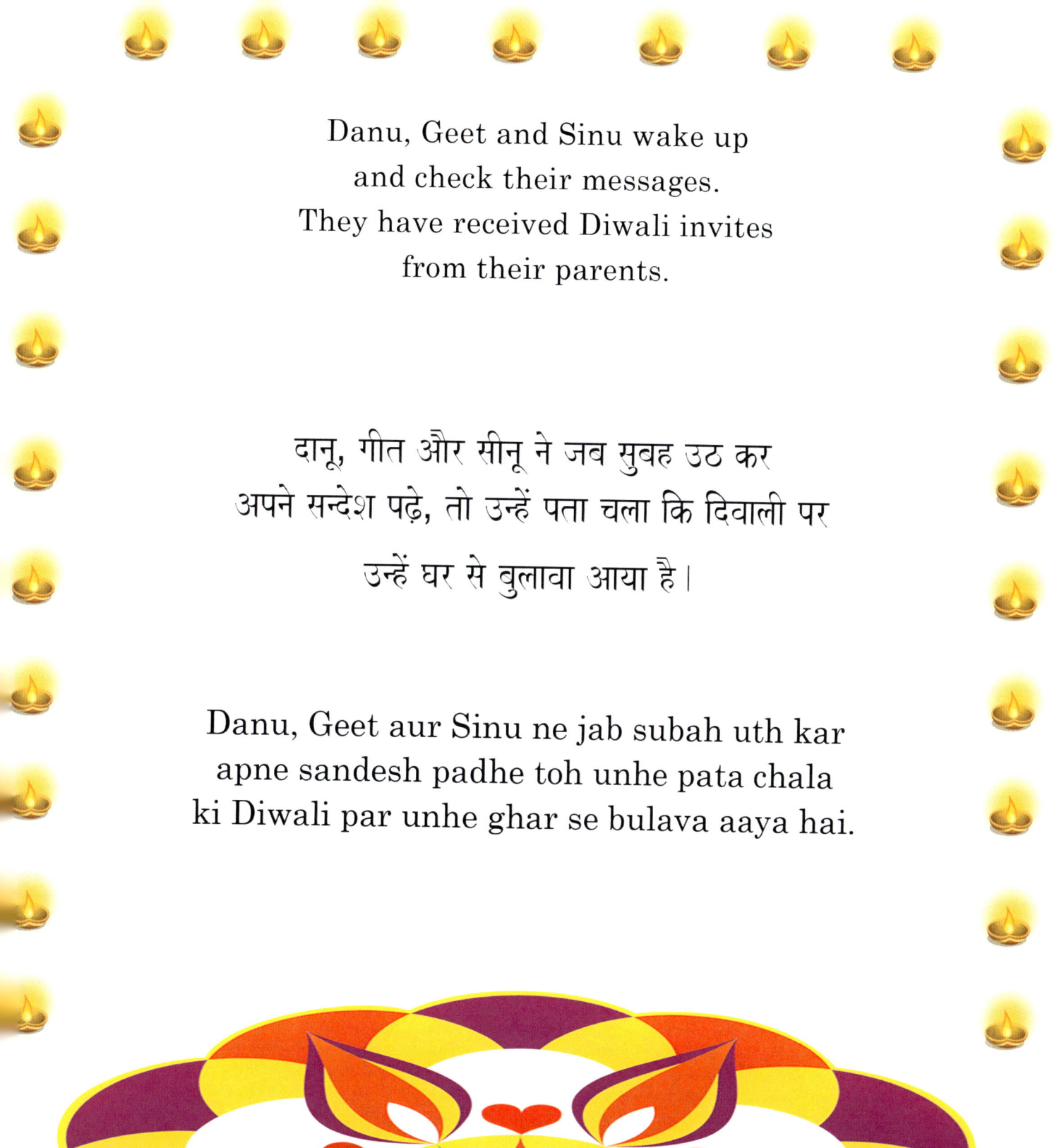

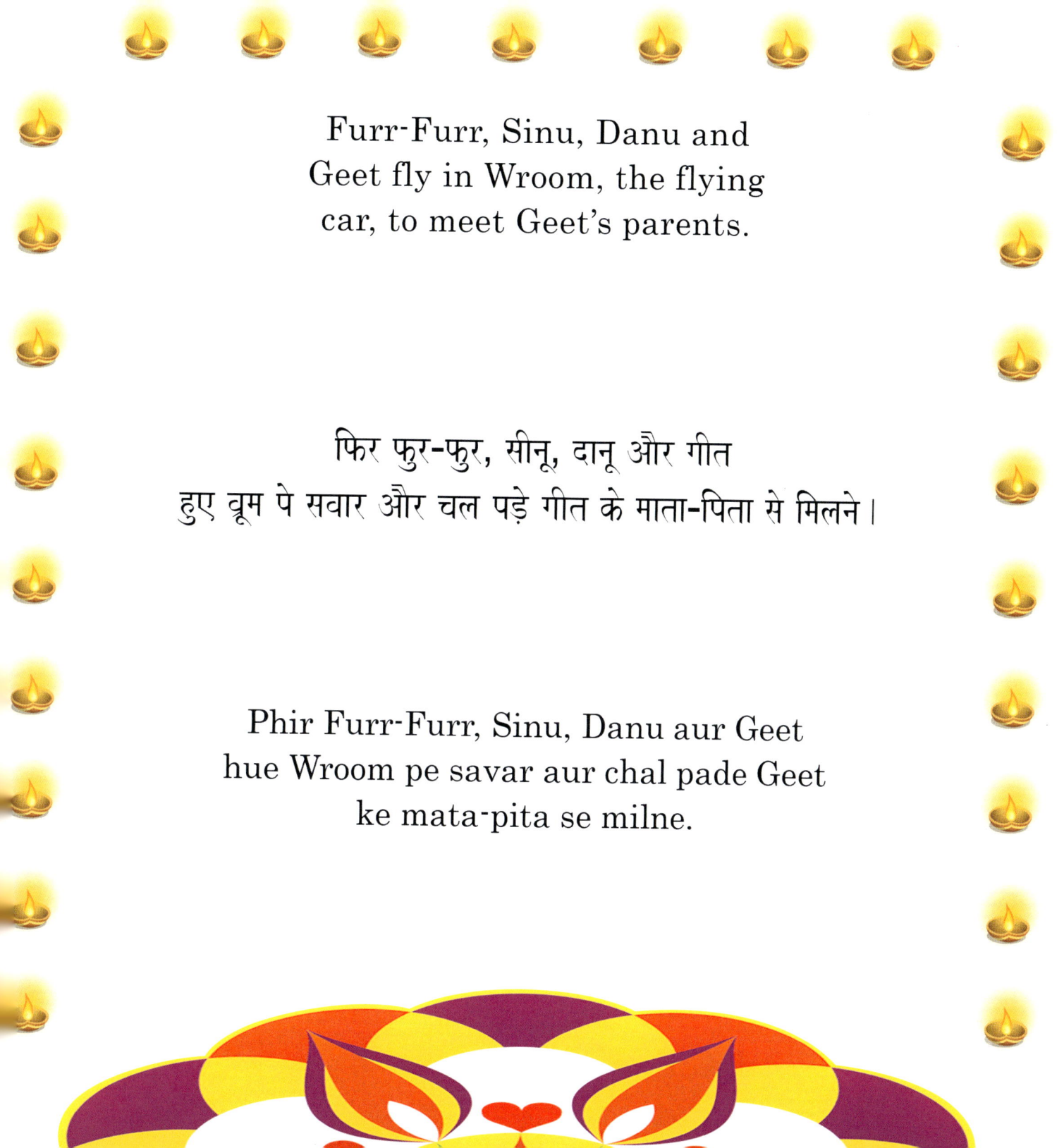

Furr-Furr, Sinu, Danu and Geet fly in Wroom, the flying car, to meet Geet's parents.

फिर फुर-फुर, सीनू, दानू और गीत हुए व्रूम पे सवार और चल पड़े गीत के माता-पिता से मिलने।

Phir Furr-Furr, Sinu, Danu aur Geet hue Wroom pe savar aur chal pade Geet ke mata-pita se milne.

It is Dhanteras today, the first day of Diwali.
Geet's parents welcome the kids with many gifts.
Geet gets golden earrings, Sinu gets a silver coin,
Danu gets a toy car and
Furr-Furr gets a bowl with his name on it.

दिवाली की शुरुवात होती है धनतेरस के साथ। गीत के माता-पिता ने बच्चों का ढेर सारे उपहारों के साथ स्वागत किया। गीत को मिले सोने के झुमके, तो सीनू को मिला एक चाँदी का सिक्का। दानू को मिली खिलौनागाड़ी और फुर-फुर को मिली एक सुन्दर कटोरी।

Diwali ki shuruwaat hoti hai Dhanteras ke saath. Geet ke mata-pita ne baccho ka dher saare upharon ke saath swagat kiya. Geet ko mile sone ke jhumke toh Sinu ko mila ek chandi ka sikka. Danu ko mili khilonagadi aur Furr-Furr ko mili ek sundar katori.

On the second day of Diwali,
kids visit Sinu's parents
where Dadi tells everyone
the story of Narak Chaturdashi.

दिवाली के दूसरे दिन बच्चे
सीनू के माता-पिता से मिलने गए,
जहाँ दादी ने उन्हें नरक चतुर्दशी की कहानी सुनाई।

Diwali ke dusre din bacche Sinu ke
mata-pita se milne gaye, jahan Dadi ne
unhe Narak Chaturdashi ki kahani sunai.

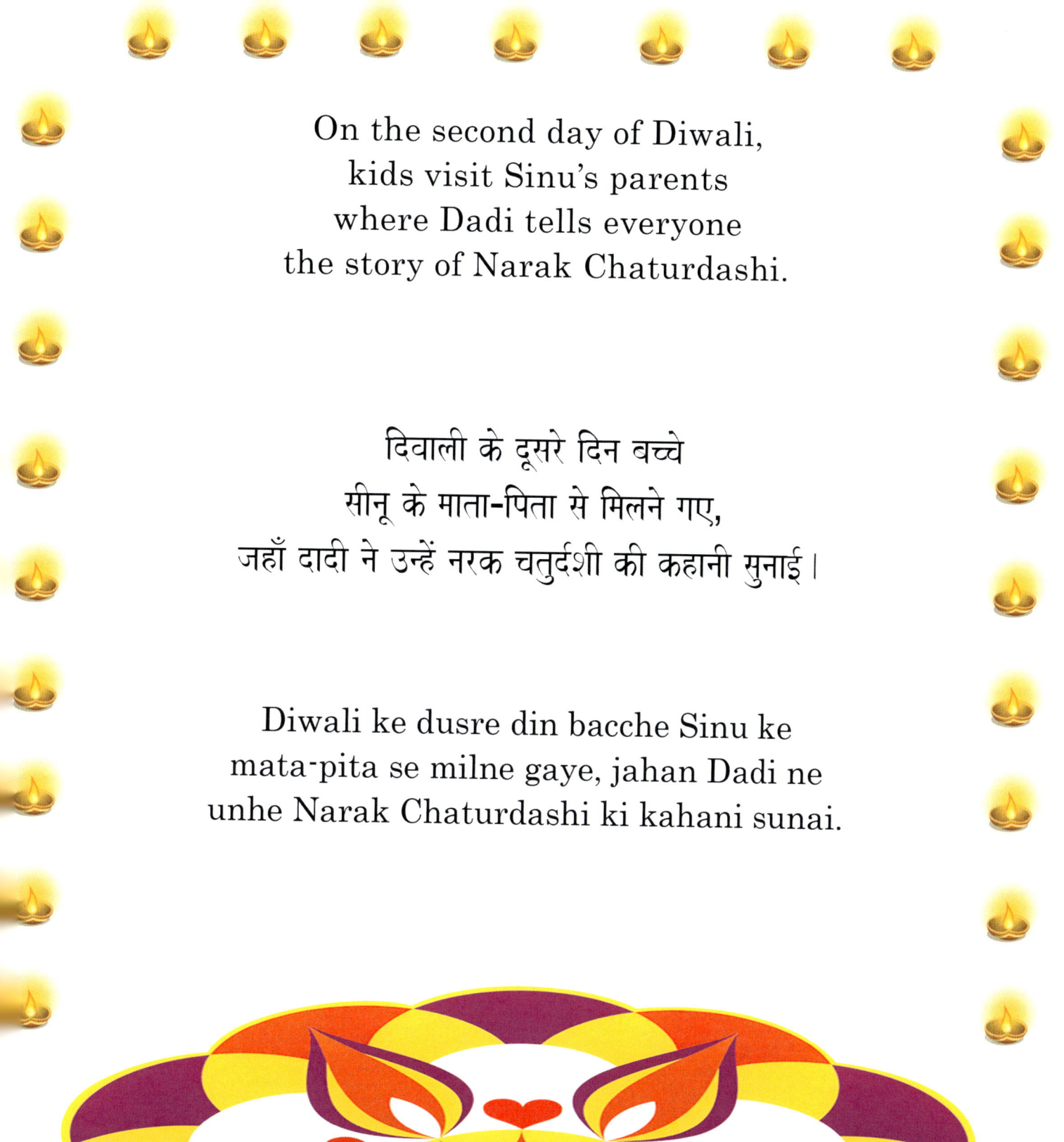

On this day, Lord Krishna ended the rule of evil demon Narkasur and freed his prisoners.

आज ही के दिन, श्री कृष्णा ने नारकासुर का अंत किया था और उसके बंदियों को आज़ाद किया था।

Aaj hi ke din, Shree Krishna ne Naarkasur ka ant kiya tha aur uske bandiyon ko azad kiya tha.

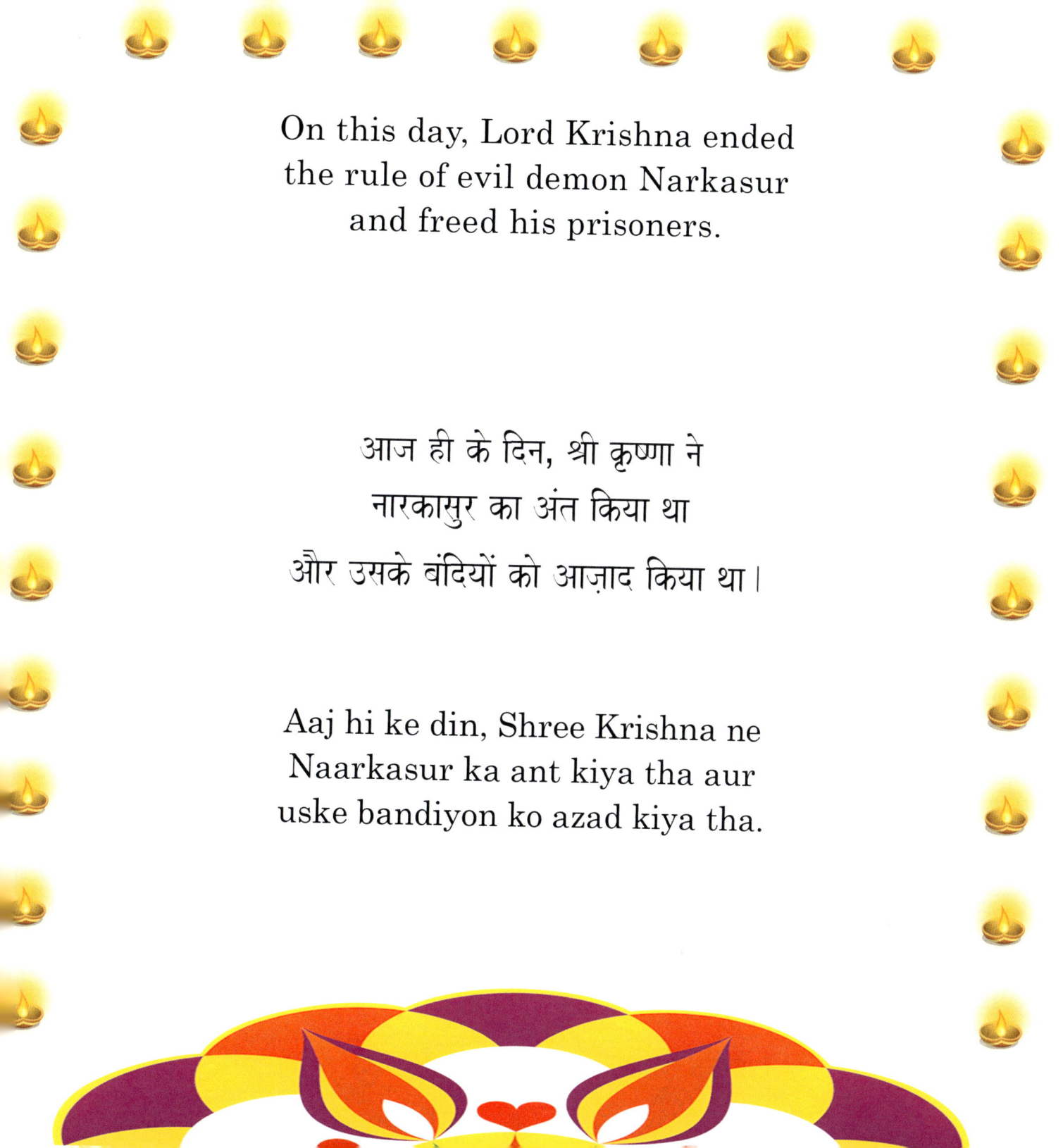

Kids loved the story of Narak Chaturdashi.
It taught them the power of good over evil.
On the third day of Diwali,
they flew to visit Danu's parents.

नरक चतुर्दशी की कहानी बच्चों के मन को भा गई
और उन्होंने सीखा की अच्छाई की बुराई पर
हमेशा जीत होती है। उसके बाद दिवाली के तीसरे दिन
वे दानू के माता-पिता से मिलने निकल पड़े।

Narak Chaturdashi ki kahani bacchon ke mann
ko bha gai aur unhone seekha ki acchai ki burai pe
humesha jeet hoti hai. Uske baad Diwali ke teesre din
ve Danu ke mata-pita se milne nikal pade.

Kids clean and decorate the house,
make a beautiful Rangoli and
light up lamps to celebrate Diwali.

बच्चों ने दिवाली के दिन घर की
साफ़-सफाई कर के, उसे सुन्दर रंगोली और दीपकों से सजाया।

Bacchon ne diwali ke din ghar ki
saaf-safai kar ke, usse sunder rangoli
aur deepakon se sajaya.

They offer their prayers to
Goddess Lakshmi for
wealth and prosperity.

उन्होंने देवी लक्ष्मी का नमन कर
धन और समृद्धि की प्रार्थना की।

Unhone Devi Lakshmi ka naman kar dhan
aur samridhi ki prarthna ki.

They burst firecrackers,
and celebrate Diwali,
also known as the festival of lights.

सभी ने फिर पटाखों के साथ दिवाली मनाई,
क्योंकि इसे रोशनी का त्यौहार भी कहते हैं।

Sabhi ne phir patakhon ke saath Diwali manai
kyuki isse roshni ka tyohar bhi kahate hain.

On the fourth day, kids celebrate
Nutan Varsh or New Year.
They visit and send greetings
to friends and family.

चौथे दिन बच्चों ने मिलकर नूतन वर्ष मनाया।
इस दिन वे सभी दोस्तों और रिश्तेदारों से
मिले और उन्हें शुभकामनायें भेजीं।

Chauthe din bacchon ne milkar nutan varsh manaya. Iss din ve sabhi doston aur rishtedaron se mile aur unhe shubhkamnayen bhejin.

The fifth and final day of Diwali is called Bhai-Dooj. On this day, brothers give gifts and promise their sisters to always love them and keep them close to their hearts.

दिवाली के पांचवे दिन आती है भाई-दूज।
आज के दिन भाई अपनी बहनों को ढेर सारे उपहार देते हैं
और उन्हें हमेशा खुश रखने का वादा करते हैं।

Diwali ke panchve din aati hai Bhai-dooj.
Aaj ke din Bhai apni behnon ko dher sare uphar dete hai aur unhe humesha kush rakhne ka vada karte hain.

Manufactured by Amazon.ca
Bolton, ON